Todos los libros de Linkgua Ediciones cuentan con modelos de Inteligencia Artificial entrenados por hispanistas. Pregúntale al chat de tu libro lo que desees acerca de la obra o su autor/a.

Para ebooks: Accede a nuestro modelo de IA a través de este enlace.

Para libros impresos: Escanea el código QR de la portada con tu dispositivo móvil.

Obtén análisis detallados de nuestros libros, resúmenes, respuestas a tus preguntas y accede a nuestras ediciones críticas generativas para una experiencia de lectura más enriquecedora.
La transparencia y el respeto hacia la autoría de las fuentes utilizadas son distintivos básicos de nuestro proyecto. Por ello, las respuestas ofrecen, mediante un sistema de citas, las fuentes con las que han sido elaboradas.

Manuel Belgrano

Fragmentos autobiográficos

Barcelona 2024
Linkgua-ediciones.com

Créditos

Título original: Fragmentos autobiográficos.

© 2024, Red ediciones S.L.

e-mail: info@linkgua.com

Diseño de la colección: Michel Mallard.

ISBN rústica ilustrada: 978-84-9007-141-0.
ISBN tapa dura: 978-84-1126-703-8.
ISBN ebook: 978-84-9897-993-0.

Sumario

Brevísima presentación

La vida

Manuel Belgrano (1770-1820). Argentina.

Era criollo de padre italiano, oriundo de Oneglia, en Liguria. Su madre era María Josefa González Casero. Entre 1786 y 1793 estudió Derecho en las universidades de Salamanca y Valladolid, y se graduó con medalla de oro a los dieciocho años. Entre 1794 y 1810 regresó al Río de la Plata y ejerció como Secretario del Consulado de Comercio de Buenos Aires. Por entonces fundó la Escuela de Náutica y la Academia de Geometría y Dibujo.

Belgrano se opuso a las invasiones británicas y combatió con el grado de capitán, en la defensa de la zona del Riachuelo (1806). Tras estos sucesos Belgrano inició su actividad a favor de la independencia nacional. Fue uno de los principales dirigentes de la insurrección de 1810 y formó parte de la Junta que se constituyó en Buenos Aires.

Fue el creador de la bandera argentina. A partir de la Segunda expedición al Alto Perú al mando del Ejército del Norte, lideró el éxodo jujeño. Venció en las batallas de Tucumán (1812) y Salta (1813), que preservaron la independencia argentina al contener la contraofensiva realista lanzada desde el norte; pero fue derrotado en su intento de proseguir su avance en el Alto Perú (1813).

Entre 1814-1815 viajó a Europa para negociar el reconocimiento de la independencia ante las potencias europeas. Y durante los últimos años de su vida combatió al frente del Ejército del Norte.

Belgrano murió el 20 de junio de 1820; sumido en la po-
breza.

Fragmentos autobiográficos

Autobiografía

Nada importa saber o no la vida de cierta clase de hombres que todos sus trabajos y afanes los han contraído a sí mismos, y ni un solo instante han concedido a los demás; pero la de los hombres públicos, sea cual fuere, debe siempre presentarse, o para que sirva de ejemplo que se imite, o dé una lección que retraiga de incidir en sus defectos. Se ha dicho, y dicho muy bien, «que el estudio de lo pasado enseña cómo debe manejarse el hombre en lo presente y porvenir»; porque desengañémonos, la base de nuestras operaciones siempre es la misma, aunque las circunstancias alguna vez la desfiguren.

Yo emprendo escribir mi vida pública —puede ser que mi amor propio acaso me alucine— con el objeto que sea útil a mis paisanos, y también con el de ponerme a cubierto de la maledicencia; porque el único premio a que aspiro por todos mis trabajos, después de lo que espero de la misericordia del Todopoderoso, es conservar el buen nombre que desde mis tiernos años logré en Europa, con las gentes con quienes tuve el honor de tratar cuando contaba con una libertad indefinida, estaba entregado a mí mismo, a distancia de dos mil leguas de mis padres, y tenía cuanto necesitaba para satisfacer mis caprichos.

El lugar de mi nacimiento es Buenos Aires; mis padres, don Domingo Belgrano y Peri conocido por Pérez, natural de Onella, y mi madre, doña María Josefa González Casero, natural también de Buenos Aires. La ocupación de mi padre fue la de comerciante, y como le tocó el tiempo del monopolio, adquirió riquezas para vivir cómodamente y dar a sus hijos la educación mejor de aquella época.

Me proporcionó la enseñanza de las primeras letras, la gramática latina, filosofía y algo de teología en el mismo Buenos Aires. Sucesivamente me mandó a España a seguir la carrera de las leyes, y allí estudié en Salamanca; me gradué en Valladolid, continué en Madrid, y me recibí de abogado en la Cancillería de Valladolid.

Confieso que mi aplicación no la contraje tanto a la carrera que había ido a emprender, como al estudio de los idiomas vivos, de la economía política y al derecho público, y que en los primeros momentos en que tuve la suerte de encontrar hombres amantes al bien público que me manifestaron sus útiles ideas, se apoderó de mí el deseo de propender cuanto pudiese al provecho general, y adquirir renombre con mis trabajos hacia tan importante objeto, dirigiéndolos particularmente a favor de la patria.

Como en la época de 1789 me hallaba en España y la revolución de Francia hiciese también la variación de ideas, y particularmente en los hombres de letras con quienes trataba, se apoderaron de mí las ideas de libertad, igualdad, seguridad, propiedad, y solo veía tiranos en los que se oponían a que el hombre, fuese donde fuese, no disfrutase de unos derechos que Dios y la naturaleza le habían concedido, y aun las mismas sociedades habían acordado en su establecimiento directa o indirectamente. Al concluir mi carrera por los años de 1793, las ideas de economía política cundían en España con furor, y creo que a esto debí que me colocaran en la secretaría del Consulado de Buenos Aires, erigido en el tiempo del ministro Gardoqui, sin que hubiese hecho la más mínima gestión para ello y el oficial de secretaría que manejaba estos asuntos aun me pidió que le indicase individuos que tuvieran estos conocimientos, para emplearlos en las demás corporaciones de esa clase, que se erigían en diferentes plazas de comercio de América.

Cuando supe que tales cuerpos en sus juntas, no tenían otro objeto que suplir a las sociedades económicas, tratando de agricultura, industria y comercio, se abrió un vasto campo a mi imaginación, como que ignoraba el manejo de la España respecto a sus colonias, y solo había oído el rumor sordo a los americanos de quejas y disgustos, que atribuía yo a no haber conseguido sus pretensiones, y nunca a las intenciones perversas de los metropolitanos, que por sistema conservaban desde el tiempo de la conquista.

Tanto me aluciné y me llené de visiones favorables a la América, cuando fui encargado por la secretaría, de que en mis Memorias describiese las Provincias, a fin de que sabiendo su estado pudiesen tomar providencias acertadas para su felicidad: acaso en esto habría la mejor intención de parte de un ministro ilustrado como Gardoqui, que había residido en los Estados Unidos de América del Norte, y aunque ya entonces se me rehusaran ciertos medios que exigí para llenar como era debido aquel encargo, me aquieté; pues se me dio por disculpa que viéndose los fondos del Consulado, se determinaría.

En fin, salí de España para Buenos Aires: no puedo decir bastante mi sorpresa cuando conocí a los hombres nombrados por el Rey para la junta que había de tratar la agricultura, industria y comercio, y propender a la felicidad de las provincias que componían el virreinato de Buenos Aires; todos eran comerciantes españoles exceptuando uno que otro, nada sabían más que su comercio monopolista, a saber: comprar por cuatro para vender por ocho, con toda seguridad: para comprobante de sus conocimientos y de sus ideas liberales a favor del país, como su espíritu de monopolio para no perder el camino que tenían de enriquecerse, referiré un hecho con que me eximiré de toda prueba.

Por lo que después he visto, la Corte de España vacilaba en los medios de sacar lo más que pudiese de sus colonias, así es que hemos visto disposiciones liberales e iliberales a un tiempo, indicantes del temor que tenía de perderlas; alguna vez se le ocurrió favorecer la agricultura, y para darle brazos, adoptó el horrendo comercio de negros y concedió privilegios a los que lo emprendiesen: entre ellos la extracción de frutos para los países extranjeros.

Esto dio mérito a un gran pleito sobre si los cueros, ramo principal de comercio de Buenos Aires, eran o no frutos; había tenido su principio antes de la erección del Consulado, ante el Rey, y ya se había escrito de parte a parte una multitud de papeles, cuando el Rey para resolver, pidió informe a dicha corporación: molestaría demasiado si refiriese, el pormenor de la singular sesión a que dio mérito este informe; ello es que esos hombres, destinados a promover la felicidad del país, decidieron que los cueros no eran frutos, y, por consiguiente, no debían comprenderse en los de la gracia de extracción en cambio de negros.

Mi ánimo se abatió, y conocí que nada se haría en favor de las provincias por unos hombres que por sus intereses particulares posponían el del común. Sin embargo, ya que por las obligaciones de mi empleo podía hablar y escribir sobre tan útiles materias, me propuse al menos, echar las semillas que algún día fuesen capaces de dar frutos, ya porque algunos estimulados del mismo espíritu se dedicasen a su cultivo, ya porque el orden mismo de las cosas las hiciese germinar.

Escribí varias memorias sobre la planificación de escuelas: la escasez de pilotos y el interés que toca tan de cerca a los comerciantes, me presentó circunstancias favorables para el establecimiento de una escuela de matemáticas, que conseguí a condición de exigir la aprobación de la Corte, que nunca se obtuvo y que no paró hasta destruirla; porque aun los españoles, sin embargo, de que conociesen la justicia y utilidad de estos establecimientos en América, francamente se oponían a ellos, errados, a mi entender, en los medios de conservar las colonias.

No menos me sucedió con otra de diseño, que también logré establecer, sin que costase medio real el maestro. Ello es que ni éstas ni otras propuestas a la Corte, con el objeto de fomentar los tres importantes ramos de agricultura, industria y comercio, de que estaba encargada la corporación consular, merecieron la aprobación; no se quería más que el dinero que produjese el ramo destinado a ella; se decía que todos estos establecimientos eran de lujo y que Buenos Aires todavía no se hallaba en estado de sostenerlos.

Otros varios objetos de utilidad y necesidad promoví, que poco más o menos tuvieron el mismo resultado, y tocará al que escriba la historia consular, dar una razón de ella; diré yo, por lo que hace a mi propósito, que desde el principio de 1794, hasta julio de 1806, pasé mi tiempo en igual destino, haciendo esfuerzos impotentes a favor del bien público; pues todos, o escollaban en el Gobierno de Buenos Aires o en la Corte, o entre los mismos comerciantes, individuos que componían este cuerpo, para quienes no había más razón, ni más justicia, ni más utilidad, ni más necesidad que su interés mercantil; cualquiera cosa que chocara con él, encontraba un veto, sin que hubiese recurso para atajarlo.

Sabida es la entrada en Buenos Aires del general Beresford con mil cuatrocientos y tantos hombres en 1806: hacía diez años que era yo capitán de milicias urbanas, más por capricho que por afición a la milicia. Mis primeros ensayos en

ella fueron en esta época. El marqués de Sobremonte, virrey
que entonces era de las provincias, días antes de esta desgraciada entrada, me llamó para que formase una compañía de
jóvenes del comercio, de caballería, y que al efecto me daría
oficiales veteranos para la instrucción: los busqué, no los encontré, porque era mucho el odio que había a la milicia en
Buenos Aires; con el cual no se había dejado de dar algunos
golpes a los que ejercían la autoridad, o tal vez a esta misma
que manifestaba demasiado su debilidad.

Se tocó la alarma general y conducido del honor volé a la
fortaleza, punto de reunión: allí no había orden ni concierto
en cosa alguna, como debía suceder en grupos de hombres
ignorantes de toda disciplina y sin subordinación alguna: allí
se formaron las compañías, y yo fui agregado a una de ellas,
avergonzado de ignorar hasta los rudimentos más triviales
de la milicia, y pendiente de lo que dijera un oficial veterano,
que también se agregó de propia voluntad pues no le daban
destino.

Fue la primera compañía que marchó a ocupar la casa de
las Filipinas, mientras disputaban las restantes con el mismo
virrey de que ellas estaban para defender la ciudad y no salir
a campaña, y así solo redujeron a ocupar las Barrancas: el
resultado fue que no habiendo tropas veteranas ni milicias
disciplinadas que oponer al enemigo, venció éste todos los
pasos con la mayor facilidad: hubo algunos fuegos fatuos en
mi compañía y otros para oponérsele; pero todo se desvane-
ció, y al mandarnos retirar y cuando íbamos en retirada, yo
mismo oí decir: «Hacen bien en disponer que nos retiremos,
pues nosotros no somos para esto».

Confieso que me indigné, y que nunca sentí más haber ig-
norado, como ya dije anteriormente, hasta los rudimentos de
la milicia; todavía fue mayor mi incomodidad cuando vi en-

trar las tropas enemigas y su despreciable número para una población como la de Buenas Aires: esta idea no se apartó de mi imaginación y poco faltó para que me hubiese hecho perder la cabeza: me era doloroso ver a mi patria bajo otra dominación, y sobre todo en tal estado de degradación que hubiese sido subyugada por una empresa aventurera, cual era la del bravo y honrado Beresford, cuyo valor admiro y admiraré siempre en esta peligrosa empresa.

Aquí recuerdo lo que me pasó con mi corporación consular, que protestaba a cada momento de su fidelidad al rey de España; y de mi relación inferirá el lector la proposición tantas veces asentada, de que el comerciante no conoce más patria, ni más rey, ni más religión que su interés propio; cuanto trabaja, sea bajo el aspecto que lo presente, no tiene otro objeto, ni otra mira que aquél: su actual oposición al sistema de libertad e independencia de América, no ha tenido otro origen, como a su tiempo se verá.

Como el Consulado, aunque se titulaba de Buenos Aires, lo era de todo el virreinato, manifesté al prior y cónsules, que debía yo salir con el archivo y sellos a donde estuviese el virrey, para establecerlo donde él y el comercio del virreinato resolviese: al mismo tiempo les expuse, que de ningún modo convenía a la fidelidad de nuestros juramentos que la corporación reconociese otro monarca: habiendo adherido a mi opinión, fuimos a ver y a hablar al general, a quien manifesté mi solicitud y defirió a la resolución; entretanto, los demás individuos del Consulado, que llegaron a extender estas gestiones, se reunieron y no pararon hasta desbaratar mis justas ideas y prestar el juramento de reconocimiento a la dominación británica, sin otra consideración que la de sus intereses.

Me liberté de cometer, según mi modo de pensar, ese atentado, y procuré salir de Buenos Aires casi como fugado; porque el general se había propuesto que yo prestase juramento, habiendo repetido que luego que sanase lo fuera a ejecutar: y pasé a la banda septentrional del río de la Plata, a vivir en la capilla de Mercedes. Allí supe, pocos días antes de hacerse recuperación de Buenos Aires, el proyecto, y pensando ir a tener parte en ella llegó a nosotros la noticia de haberse logrado con el éxito que es sabido.

Poco después me puse en viaje para la capital, y mi arribo fue la víspera del día en que los patricios iban a elegir sus comandantes para el cuerpo de voluntarios que iba a formarse, cuando ya se habían formado los cuerpos de europeos y había algunos que tenían armas; porque la política reptil de los gobernantes de América, a pesar de que el número y el interés del patricio debía siempre ser mayor por la conservación de la patria que el de los europeos aventureros, recelaba todavía de aquellos a quienes por necesidad permitía también armas.

Sabido mi arribo por varios amigos, me estimularon para que fuese a ser uno de los electores: en efecto, los complací, pero confieso que desde entonces, empecé a ver las tramas de los hombres de nada, para elevarse sobre los de verdadero mérito; y no haber tomado por mí mismo la recepción de votos, acaso salen dos hombres oscuros, más por sus vicios que por otra cosa, a ponerse a la cabeza del cuerpo numeroso y decidido que debía formar el ejército de Buenos Aires, que debía dar tanto honor a sus armas.

Recayó al fin la elección en dos hombres que eran de algún viso, y aun ésta tuvo sus contrastes, que fue preciso vencerlos, reuniendo de nuevo las gentes a la presencia del general Liniers, quien recorriendo las filas conmigo, oyó por aclamación los nombres de los expresados, y en consecuencia, quedaron con los cargos y se empezó el formal alistamiento; pero como éste se acercase a cerca de cuatro mil hombres puso en expectación a todos los comandantes europeos y a los gobernantes y procuraron, por cuantos medios les fue posible, ya negando armas, ya atrayéndolos a los otros cuerpos, evitar que número tan crecido de patricios se reuniesen.

En este estado y por si llegaba el caso de otro suceso igual al de Beresford u otro cualquiera, de tener una parte activa, en defensa de mi patria, tomé un maestro que me diese alguna noción de las evoluciones más precisas y me enseñase por principios el manejo del arma. Todo fue obra de pocos días: me contraje como debía, con el desengaño que había tenido en la primera operación militar, de que no era lo mismo vestir el uniforme de tal, que serlo.

Así como por elección se hicieron los comandantes del cuerpo, así se hicieron los de los capitanes en los respectivos cuarteles por las compañías que se formaron, y éstas me honraron llamándome a ser su sargento mayor, de que hablo con toda ingenuidad, no pude excusarme, porque me picaba el honorcillo, y no quería que se creyera cobardía al mismo tiempo en mí, no admitir cuando me habían visto antes vestir el uniforme.

Entrando a este cargo, para mí enteramente nuevo, por mi deseo de desempeñarlo según correspondía, tomé con otro anhelo el estudio de la milicia y traté de adquirir algunos conocimientos de esta carrera, para mí desconocida en sus pormenores; mi asistencia fue continua a la enseñanza de la gente. Tal vez esto, mi educación, mi modo de vivir y mi roce de gentes distinto en lo general de la mayor parte de los oficiales que tenía el cuerpo, empezó a producir rivalidades que no me incomodaban, por lo que hace a mi persona, sino por lo que perjudicaban a los adelantamientos y lustre del cuerpo, que tanto me interesaban y por tan justos motivos.

Ya estaba el cuerpo, capaz de algunas maniobras y su subordinación se sostenía por la voluntad de la misma gente que le componía, aunque ni la disciplina, ni la subordinación era lo que debía ser, cuando el general Auchmuty intentaba tomar a Montevideo; le pidió aquel gobernador auxilios, y de todos los cuerpos salieron voluntarios para marchar con el general Liniers. El que más dio fue el de patricios, sin embargo de que hubo un jefe, yo lo vi, que cuando preguntaron a su batallón quién quería ir, le hizo señas con la cabeza para que no contestase.

Entonces me preparé a marchar, así por el deseo de hacer algo en la milicia, como por no quedar con dos jefes, el uno inepto y el otro intrigante, que solo me acarrearían disgustos, según a pocos momentos lo vi, como después diré. Tanto el comandante que marchó cuanto toda la demás oficialidad que le acompañaba, representaron al general que no convenía de ningún modo mi salida, y que el cuerpo se desorganizaría si yo lo abandonaba: así me lo expuso el general en los momentos de ir a marchar, y me lo impidió.

Quedé, y no tardó mucho en verificarse lo mismo que yo temía: se ofreció poner sobre las armas un cierto número de compañías a sueldo, y me costó encontrar capitanes que quisieran servir, pero había de los subalternos doble número que aspiraban a disfrutarlo, no hallé un camino mejor para contentarlos que disponer echaran suertes: esto me produjo un sinsabor cual no me creía, pues hubo oficial que me insultó a presencia de la tropa y de esos dos comandantes que miraron con indiferencia un acto tan escandaloso de insubordinación; entonces empecé a observar el estado miserable de educación de mis paisanos, sus sentimientos mezquinos y hasta dónde llegaban sus intrigas por el ridículo presté y formé la idea de abandonar mi cargo en un cuerpo que ya preveía que jamás tendría orden y que no sería más que un grupo de voluntarios.

Así es que tomé el partido de volver a ejercer mi empleo de secretario del Consulado, que al mismo tiempo no podía ya servirlo el que hacía de mi sustituto, quedando por oferta mía dispuesto a servir en cualquiera acción de guerra que se presentase, dónde y cómo el gobierno quisiera; pasó el tiempo desde el mes de febrero hasta junio, que se presentó la escuadra y transportes que conducían al ejército al mando del general Whitelocke en 1807.

El cuartel maestre general me nombró por uno de sus ayudantes de campo, haciéndome un honor a que no era acreedor: en tal clase serví todos aquellos días: el de la defensa me hallé cortado y poco o nada pude hacer hasta que me vi libre de los enemigos; pues a decir verdad, el modo y método con que se hizo, tampoco daba lugar a los jefes a tomar disposiciones, y éstas quedaban al arbitrio de algunos denodados oficiales, de los mismos soldados voluntarios, que era gente paisana que nunca había vestido uniforme, y, que decía, con mucha gracia, que para defender el suelo patrio no habían necesitado de aprender a hacer posturas, ni figuras en las plazas públicas para diversión de las mujeres ociosas.

El general dispuso que el expresado cuartel maestre recibiese el juramento a los oficiales prisioneros: con este motivo pasó a su habitación el brigadier general Crawford, con sus ayudantes y otros oficiales de consideración: mis pocos conocimientos en el idioma francés, y acaso otros motivos de civilidad, hicieron que el nominado Crawford se dedicase a conversar conmigo con preferencia, y entrásemos a tratar de algunas materias que nos sirviera de entretenimiento, sin perder de vista adquirir conocimientos del país, y muy particularmente respecto de su opinión del gobierno español.

Así es que después de haberse desengañado de que yo no era francés ni por elección, ni otra causa, desplegó sus ideas acerca de nuestra independencia, acaso para formar nuevas esperanzas de comunicación con estos países, ya que les habían sido fallidas las de conquista: le hice ver cuál era nuestro estado, que ciertamente nosotros queríamos el amo viejo o ninguno; pero que nos faltaba mucho para aspirar a la empresa, y que aunque ella se realizase bajo la protección de la Inglaterra, ésta nos abandonaría si se ofrecía un partido ventajosa a Europa, y entonces vendríamos a caer bajo la espada española; no habiendo una nación que no aspirase a su interés sin que le diese cuidado de los males de las otras; convino conmigo y manifestándole cuánto nos faltaba para lograr nuestra independencia, difirió para un siglo su consecución.

¡Tales son en todo los cálculos de los hombres! Pasa un año, y he ahí que sin que nosotros hubiésemos trabajado para ser independientes, Dios mismo nos presenta la ocasión con los sucesos de 1808 en España y en Bayona. En efecto, avívanse entonces las ideas de libertad e independencia en América y los americanos empiezan por primera vez a hablar con franqueza de sus derechos. En Buenos Aires se hacía la jura de Fernando VII, y los mismos europeos aspiraban a sacudir el yugo de España por no ser napoleonistas. ¿Quién creería que don Martín de Alzaga, después autor de una conjuración, fuera uno de los primeros corifeos?

Llegó en aquella sazón el desnaturalizado Goyeneche: despertó a Liniers, despertaron los españoles y todos los jefes de las provincias: se adormecieron los jefes americanos, y nuevas cadenas se intentaron echarnos y aun cuando éstas no tenían todo el rigor del antiguo despotismo, contenían y contuvieron los impulsos de muchos corazones que, desprendidos de todo interés, ardían por la libertad e independencia de la América; y no querían perder una ocasión que se les venía a las manos, cuando ni una vislumbre habían visto que se las anunciase.

Entonces fue, que no viendo yo un asomo de que se pensara en constituirnos, y sí, a los americanos prestando una obediencia injusta a unos hombres que por ningún derecho debían mandarlos, traté de buscar los auspicios de la infanta Carlota, y de formar un partido a su favor, oponiéndome a los tiros de los déspotas que celaban con el mayor anhelo para no perder sus mandos; y lo que es más, para conservar la América dependiente de la España, aunque Napoleón la dominara; pues a ellos les interesaba poco o nada ya sea Borbón, Napoleón u otro cualquiera, si la América era colonia de la España.

Solicité, pues, la venia de la infanta Carlota, y siguió mi correspondencia desde 1808 hasta 1809, sin que pudiese recabar cosa alguna: entretanto mis pasos se celaron y arrostré el peligro yendo a presentarme en persona al virrey Liniers y hablarle con toda la franqueza que el convencimiento de la justicia que me asistía me daba, y la conferencia vino a proporcionarme el inducirlo a que llevase a ejecución la idea que ya tenía de franquear el comercio a los ingleses en la costa del río de la Plata, así para debilitar a Montevideo, como para proporcionar fondos para el sostén de las tropas, y atraer a las provincias del Perú por las ventajas que debía proporcionarles el tráfico.

Desgraciadamente cuando llegaba a sus manos una memoria que yo le remitía para tan importante objeto, con que yo veía se iba a dar el primer golpe a la autoridad española, arribó un ayudante del virrey nombrado, Cisneros, que había desembarcado en Montevideo, y todo aquel plan varió.

Entonces aspiré a inspirar la idea a Liniers de que no debía entregar el mando por no ser autoridad legítima la que lo despojaba. Los ánimos de los militares estaban adheridos a esta opinión: mi objeto era que se diese un paso de inobediencia al ilegítimo gobierno de España, que en medio de su decadencia quería dominarnos; conocí que Liniers no tenía espíritu ni reconocimiento a los americanos que lo habían elevado y sostenido, y que ahora lo querían de mandón, sin embargo de que había muchas pruebas de que abrigaba, o por opinión o por el prurito de todo europeo, mantenernos en el abatimiento y esclavitud.

Cerrada esta puerta, aún no desesperé de la empresa de no admitir a Cisneros, y, sin embargo de que la diferencia de opiniones y otros incidentes, me habían desviado del primer comandante de patricios, don Cornelio Saavedra; resuelto a cualquier acontecimiento, bien que no temiendo que me vendiese, tomé el partido de ir a entregarle dos cartas que tenía para él de la infanta Carlota: las puse en sus manos y le hablé con toda ingenuidad: le hice ver que no podía presentársenos época más favorable para adoptar el partido de nuestra redención, y sacudir el injusto yugo que gravitaba sobre nosotros.

La contestación, fue que lo pensaría y que le esperase por la noche siguiente a oraciones en mi casa; concebí ideas favorables a mi proyecto, por las disposiciones que observé en él: los momentos se hacían para mí siglos; llegó la hora y apareció en mi casa don Juan Martín de Pueyrredón y me significó que iba a celebrarse una junta de comandantes en la casa de éste, a las once de la noche, a la que yo precisamente debía concurrir; que era preciso no contar solo con la fuerza, sino con los pueblos, y que allí se arbitrarían los medios.

Cuando oí hablar así y tratar de contar con los pueblos, mi corazón se ensanchó y risueñas ideas de un proyecto favorable vinieron a mi imaginación: quedé sumamente contento, sin embargo de que conocía la debilidad de los que iban a componer la junta, la divergencia de intereses que había entre ellos, y particularmente la viveza de unos de los comandantes europeos que debían asistir, sus comunicaciones con los mandones, y la gran influencia que tenía en el corazón de Saavedra, y en los otros por el temor.

A la hora prescrita vino el nominado Saavedra con el comandante don Martín Rodríguez a buscarme para ir a la junta: híceles mil reflexiones acerca de mi asistencia, pero insistieron y fui en su compañía; allí se me dio un asiento, y abierta la sesión por Saavedra, manifestando el estado de la España, nuestra situación, y que debía empezarse por no recibir a Cisneros, con un discurso bastante metódico y conveniente: salió a la palestra uno de los comandantes europeos con infinitas ideas, a que siguió otro con un papel que había trabajado, reducido a disuadir del pensamiento y contraído a decir agravios contra la audiencia por lo que se les había ofendido con sus informes ante la Junta Central.

Los demás comandantes exigieron mi parecer; traté la materia con la justicia que ella de suyo tenía, y nada se ocultaba a los asistentes, que después entrados en conferencia, solo trataban de su interés particular, y si alguna los asistentes, que después entra, solo trataban de vez se decidían a emprender, era por temor de que se sabría aquel congreso y los castigarían; mas asegurándose mutuamente el silencio volvían a su indecisión y no buscaban otros medios ni arbitrios para conservar sus empleos.

¡Cuán desgraciada vi entonces esta situación! ¡Qué diferentes conceptos formé de mis paisanos! No es posible, dije, que estos hombres trabajen por la libertad del país; y no hallando que quisieran reflexionar por un instante sobre el verdadero interés general, me separé de allí, desesperado de encontrar remedio, esperando ser una de las víctimas por mi deseo de que formásemos una de las naciones del mundo.

Pero la providencia que mira las buenas intenciones y las protege por medios que no están al alcance de los hombres, por triviales y ridículos que parezcan, parece que borró de todos hasta la idea de que yo hubiese sido uno de los concurrentes a la tal junta, y ningún perjuicio se me siguió: al contrario, a don Juan Martín de Pueyrredón lo buscaron, lo prendieron y fue preciso valerse de todo artificio para salvarlo. En la noche de su prisión ya muchos se lisonjeaban de que se alzaría la voz patria: yo que había conocido a todos los comandantes y su debilidad, creí que le dejarían abandonado a la espada de los tiranos, como la hubiera sufrido, si manos intermedias no trabajasen por su libertad: le visité en el lugar en que se había ocultado y le proporcioné un bergantín para su viaje al Janeiro, que sin cargamento ni papeles del gobierno de Buenos Aires salió, y se le entregó la correspondencia de la infanta Carlota, comisionándole para que hiciera presente nuestro estado y situación y cuánto convenía se trasladase a Buenos Aires.

Acaso miras políticas influyeron a que la infanta no lo atendiera, ni hiciera aprecio de él, esto y observar que no había un camino de llevar mis ideas adelante, al mismo tiempo, que la consideración de los pueblos y lo expuesto que estaba en Buenos Aires después de la llegada de Cisneros, a quien se recibió con tanta bajeza por mis paisanos, y luego intentaron quitar, contando siempre conmigo, me obligó a salir de allí, y pasar a la banda septentrional para ocuparme en mis trabajos literarios y hallar consuelo a la aflicción que padecía mi espíritu con la esclavitud en que estábamos, y no menos para quitarme de delante para que, olvidándome, no descargase un golpe sobre mí.

Las cosas de España empeoraban y mis amigos buscaban de entrar en relación de amistad con Cisneros: éste se había explicado de algún modo, y, a no temer horrenda canalla de oidores que lo rodeaba, seguramente hubiera entrado por sí en nuestros intereses, pues su prurito era tener con qué conservarse. Anheló este a que se publicase un periódico en Buenos Aires, y era tanta su ansia, que hasta quiso que se publicase el prospecto de un periódico que había salido a luz en Sevilla, quitándole solo el nombre y poniéndole el de Buenos Aires.

Sucedía esto a mi regreso de la banda septentrional, y tuvimos este medio ya de reunirnos los amigos sin temor, habiéndole hecho éstos entender a Cisneros que si teníamos alguna junta en mi casa, sería para tratar de los asuntos concernientes al periódico: nos dispensó toda protección e hice el prospecto del Diario de Comercio que se publicaba en 1810, antes de nuestra revolución; en él salieron mis papeles, que no era otra cosa más que una acusación en contra del gobierno español; pero todo pasaba, y así creíamos ir abriendo los ojos a nuestros paisanos: tanto fue que salió uno de mis papeles titulado: «Origen de la grandeza y decadencia de los imperios», en las vísperas de nuestra revolución, que así contentó a los de nuestro partido como a Cisneros, cada uno aplicaba el ascua a su sardina, pues todo se atribuía a la unión y desunión de los pueblos.

Estas eran mis ocupaciones y el desempeño de las obligaciones de mi empleo, cuando habiendo salido por algunos días al campo, en el mes de mayo, me mandaron llamar mis amigos a Buenos Aires, diciéndome que era llegado el caso de trabajar por la patria para adquirir la libertad e independencia deseada; volé a presentarme y hacer cuanto estuviera a mis alcances: había llegado la noticia de la entrada de los franceses en Andalucía y la disolución de la Junta Central; éste era el caso que se había ofrecido a cooperar a nuestras miras el comandante Saavedra.

Muchas y vivas fueron entonces nuestras diligencias para reunir los ánimos y proceder a quitar las autoridades, que no solo habían caducado con los sucesos de Bayona, sino que ahora caducaban, puesto que aun nuestro reconocimiento a la Junta Central cesaba con su disolución, reconocimiento el más inicuo y que había empezado con la venida del malvado Goyeneche, enviado por la indecente y ridícula Junta de Sevilla. No es mucho, pues, no hubiese un español que no creyese ser señor de América, y los americanos los miraban entonces con poco menos estupor que los indios en los principios de sus horrorosas carnicerías, tituladas conquistas.

Se vencieron en fin todas las dificultades, que más presentaba el estado de mis paisanos que otra cosa, y aunque no siguió la cosa por el rumbo que me había propuesto, apareció una junta, de la que yo era vocal, sin saber cómo ni por dónde, en que no tuve poco sentimiento. Era preciso corresponder a la confianza del pueblo, y todo me contraje al desempeño de esta obligación, asegurando, como aseguro, a la faz del universo, que todas mis ideas cambiaron, ni una sola concedía a un objeto particular, por más que me interesase: el bien público estaba a todos instantes a mi vista.

No puedo pasar en silencio las lisonjeras esperanzas que me había hecho concebir el pulso con que se manejó nuestra revolución, en que es preciso, hablando verdad, hacer justicia a don Cornelio Saavedra. El congreso celebrado en nuestro estado para discernir nuestra situación, y tomar un partido en aquellas circunstancias, debe servir eternamente de modelo a cuantos se celebren en todo el mundo. Allí presidió el orden; una porción de hombres estaban preparados para a la señal de un pañuelo blanco, atacar a los que quisieran violentarnos; otros muchos vinieron a ofrecérseme, acaso de los más acérrimos contrarios, después, por intereses particulares; pero nada fue preciso, porque todo caminó con la mayor circunspección y decoro. ¡Ah, y qué buenos augurios! Casi se hace increíble nuestro estado actual. Mas si se recuerda el deplorable estado de nuestra educación, veo que todo es una consecuencia precisa de ella, y solo me consuela el convencimiento en que estoy, de que siendo nuestra revolución obra de Dios, él es quien la ha de llevar hasta su fin, manifestándonos que toda nuestra gratitud la debemos convertir a S. D. M. y de ningún modo a hombre alguno.

Seguía, pues, en la junta provisoria, y lleno de complacencia al ver y observar la unión que había entre todos los que la componíamos, la constancia en el desempeño de nuestras obligaciones, y el respeto y consideración que se merecía el pueblo de Buenos Aires y de los extranjeros residentes allí: todas las diferencias de opiniones se concluían amistosamente y quedaba sepultada cualquiera discordia entre todos.

Así estábamos, cuando la ineptitud del general de la expedición del Perú obligó a pasar de la junta al doctor Castelli para que viniera de representante de ella, a fin de poner remedio al absurdo que habíamos cometido de conferir el mando a aquél, llevados del informe de Saavedra y de que era comandante del cuerpo de arribeños; y es preciso confesar que creíamos que con solo este título, no habría arribeño que no le siguiese y estuviese con nuestros intereses. Debo decir aquí, que soy delincuente ante toda la Nación de haber dado mi voto, o prestádome sin tomar el más mínimo conocimiento del sujeto, por que fuera jefe. ¡Qué horrorosas consecuencias trajo esta precipitada elección!

¡En qué profunda ignorancia vivía yo del estado cruel de las provincias interiores!

¡Qué velo cubría mis ojos! El deseo de la libertad e independencia de mi patria, que ya me había hecho cometer otros defectos como dejo escritos, también me hacía pasar por todo, casi sin contar con los medios.

A la salida del doctor Castelli, coincidió la mía, que referiré a continuación hablando de la expedición al Paraguay, expedición que solo pudo caber en unas cabezas acaloradas que solo veían su objeto y a quienes nada era difícil, porque no reflexionaban ni tenían conocimientos.

Memoria sobre la expedición al Paraguay: 1810-1811

La formación y marcha del ejército

Me hallaba de vocal en la Junta provisoria, cuando en el mes de agosto de 1810, se determinó mandar una expedición al Paraguay, en atención a que se creía que allí había un gran partido por la revolución, que estaba oprimido por el gobernador Velasco y unos cuantos mandones, y como es fácil persuadirse de lo que halaga, se prestó crédito al coronel Espínola, de las milicias de aquella provincia, que al tiempo de la instalación de la predicha junta se hallaba en Buenos Aires. Fue con pliegos, y regresó diciendo que con 200 hombres era suficiente para proteger el partido de la revolución, sin embargo de que fue perseguido por sus mismos paisanos, y tuvo que escaparse a uña de buen caballo, aun batiéndose no sé en qué punto para libertarse.

La Junta puso las miras en mí, para mandarme con la expedición auxiliadora, como representante y general en jefe de ella: admití porque no se creyese que repugnaba los riesgos, que solo quería disfrutar de la capital, y también porque entreveía una semilla de división entre los mismos vocales, que yo no podía atajar, y deseaba hallarme en un servicio activo, sin embargo de que mis conocimientos militares eran muy cortos, pues también me había persuadido que el partido de la revolución sería grande, muy en ello, de que los americanos al solo oír libertad, aspirarían a conseguirla.

El pensamiento había quedado suspenso y yo me enfermé a principios de septiembre; apuran las circunstancias y convaleciente, me hacen salir, destinando 200 hombres de la guarnición de Buenos Aires, de los cuerpos de granaderos, arribeños y pardos, poniendo a mi disposición el regimiento que se creaba de caballería de la Patria, con el pie de los blandengues de la frontera, y asimismo la compañía de blandengues de Santa Fe y las milicias del Paraná, con cuatro cañones de a cuatro y respectivas municiones. Salí para San Nicolás de los Arroyos, en donde se hallaba el expresado cuerpo de caballería de la patria, y solo encontré en él sesenta hombres, de los que se decían veteranos, y el resto, hasta cien hombres, que se habían sacado de las compañías de milicias de aquellos partidos, eran unos verdaderos reclutas vestidos de soldados. Eran el coronel don Nicolás Olavarría y el sargento mayor don Nicolás Machain.

Dispuse que marchase a Santa Fe para pasar a La Bajada, para donde habían marchado las tropas de Buenos Aires, al mando de don Juan Ramón Balcarce, mientras yo iba a la dicha ciudad para ver la compañía de blandengues, que se componía de cuarenta veteranos y sesenta reclutas.

Luego que pasaron todos al nominado pueblo de La Bajada, me di a reconocer de general en jefe, y nombré de mayor general a don Nicolás Machain, dándole, mientras yo llegaba, mis órdenes e instrucciones.

Así que la tropa y artillería que ya he referido, como dos piezas de a dos, que arreglé de cuatro, que tenía el ya referido cuerpo de caballería de la Patria, y cuanto pertenecía a éste, que se llamaba ejército, se había transportado a La Bajada, me puse en marcha para ordenarlo y organizarlo todo.

Hallándome allí, recibí aviso del gobierno de que me enviaba doscientos patricios, pues por las noticias que tuvo del Paraguay, creyó que la cosa era más seria de lo que se había pensado, y puso también a mi disposición las milicias que tenía el gobernador de Misiones, Rocamora, en el pueblo de Yapeyú, con nueve o diez dragones que le acompañaban.

Mientras llegaban los doscientos patricios que vinieron al mando del teniente coronel don Gregorio Perdriel, aprontaba las milicias del Paraná, las carretas y animales para la conducción de aquélla, y caballada para la artillería y tropa.

Debo hacer aquí los mayores elogios del pueblo de Paraná y toda su jurisdicción; a porfía se empeñaban en servir, y aquellos buenos vecinos de la campaña abandonaban con gusto sus casas para ser de la expedición y auxiliar al ejército de cuantos modos les era posible. No se me olvidarán jamás los apellidos Garrigós, Ferré, Vera y Ereñú: ¡ningún obstáculo había que no venciesen por la patria! Ya seríamos felices si tan buenas disposiciones no las hubiese trastornado un gobierno inerme, que no ha sabido premiar la virtud, y ha dejado impune los delitos. Estoy escribiendo, cuando estos mismos, y Ereñús sé que han batido a Holmberg.

Para asegurar en el partido de la revolución el Arroyo de la China y demás pueblos de la costa occidental del Uruguay, nombré comandante de aquella orilla al doctor don José Miguel Díaz Vélez, y lo mandé auxiliado con una compañía de la mejor tropa de caballería de la Patria, que mandaba el capitán don Diego González Balcarce.

Entretanto, arreglaba las cuatro divisiones que formé del ejército, destinándole a cada una, una pieza de artillería y municiones, dándoles las instrucciones a los jefes para su buena y exacta dirección, e inspirando la disciplina y subordinación a la tropa y particularmente la última calidad de que carecía absolutamente la más disciplinada, que era la de Buenos Aires, pues el jefe de las armas, que era don Cornelio Saavedra no sabía lo que era milicia y así creyó que el soldado sería mejor dejándole hacer su gusto.

Felizmente no encontré repugnancia y los oficiales me ayudaron a restablecer el orden de un modo admirable, a tal término que logré que no hubiese la más mínima queja de los vecinos del tránsito, ni pueblos donde hizo alto el ejército, ni alguna de sus divisiones. Confieso que esto me aseguraba un buen éxito, aun en el más terrible contraste.

Dieron principio a salir a últimos de octubre, con veinticuatro horas de intermedio hacia Curuzú Cuatiá, pueblo casi en el centro de lo que se llama Entre Ríos. Los motivos por que tomé aquel camino los expresaré después, y dejaremos marchando al ejército para hablar del Arroyo de la China.

Tuve noticias positivas de una expedición marítima que mandaba allí Montevideo y le indiqué al gobierno que se podría atacar; me mandó que siguiese mi marcha, sin reflexionar ni hacerse cargo de que quedaban aquellas fuerzas a mi espalda, y las que si hubiesen estado en otras manos, me hubieran perjudicado mucho. Siempre nuestro gobierno, en materia de milicia no ha dado una en el clavo; tal vez es autor de nuestras parciales desgraciadas jornadas y de que nos hallemos hoy 17 de marzo de 1814 en situación tan crítica.

Aquellas fuerzas de Montevideo se pudieron tomar todas: venían en ellas muchos oficiales que aspiraban reunírsenos, como después lo efectuaron, y si don José Díaz Vélez en lugar de huir precipitadamente, oye los consejos del capitán Balcarce y hace alguna resistencia, sin necesidad de otro recurso, queda la mayor parte de la fuerza que traía el enemigo con nosotros, y se ve precisado a retirarse el jefe de la expedición de Montevideo, Michelena, desengañado de la inutilidad de sus esfuerzos, y quién sabe si se hubiera dejado tomar, pues le unían lazos a Buenos Aires de que no podía desentenderse.

Mientras sucedía esto iba yo en marcha recorriendo las divisiones del ejército para observar si se guardaban mis órdenes y si todo seguía del mismo modo que me había propuesto, y así un día estaba en la 4.º división y otro día en la

2.ª y 1.ª, de modo que los jefes ignoraban cuándo estaría con ellos y su cuidado era extremo, y así es que en solo el camino logré establecer la subordinación de un modo encantador y sin que fueran precisos mayores castigos.

En Alcaraz, tuve la noticia del desembarco de los de Montevideo en el Arroyo de la China y di la orden para que Balcarce se me viniese a reunir: entonces, me parece, insistí al gobierno para ir a atacarlos y recibí su contestación en Curuzú Cuatiá, de que siguiese mi marcha como he dicho.

Había principiado la deserción, particularmente en los de caballería de la Patria, y habiendo él mismo encontrado dos, los hice prender con mi escolta y conducirlos hasta el pueblo de Curuzú Cuatiá, donde los mandé fusilar con todas las formalidades de estilo y fue bastante para que ninguno desertase.

Hice alto en dicho pueblo para el arroyo de las carretas proporcionarme cuanto era necesario para seguir la marcha. Nombré allí de cuartel maestre general al coronel Rocamora y le mandé que viniese con la gente que tenía por aquel camino hasta reunírseme, pues, como ya he dicho, se hallaba en Yapeyú.

Pude haberle mandado que fuese por los pueblos de Misiones a Candelaria, pueblo sobre la costa sur del Paraná, con lo que habría ahorrado muchas leguas de marcha, pero como el objeto de mi venida a Curuzú Cuatiá había sido así por ser el mejor camino de carretas como para alucinar a los paraguayos, de modo que no supieran por qué punto intentaba pasar el Paraná, barrera formidable, le di la orden predicha.

En los ratos que con bastante apuro me dejaban mis atenciones militares para el apresto de todo, disciplina del ejército, sus subsistencias y demás, que todo cargaba sobre mí, hice delinear el nuevo pueblo de Nuestra Señora del Pilar de

Curuzú Cuatiá; expedí un reglamento para la jurisdicción y aspiré a la reunión de población, porque no podía ver sin dolor que las gentes de la campaña viviesen tan distantes unas de otras lo más de su vida, o tal vez en toda ella estuviesen sin oír la voz de su pastor eclesiástico, fuera del ojo del juez, y sin un recurso para lograr alguna educación.

Para poderme contraer algo más a la parte militar, que como siempre me ha sido preciso descuidarla, por recaer entre nosotros todas las atenciones en el general, nombré de intendente del ejército a don José Alberto de Echeverría, de quien tendré ocasión de hablar en lo sucesivo.

Desde dicho punto di orden al teniente gobernador de Corrientes, que lo era don Elías Galván, que pusiese fuerzas de milicias en el paso del Rey, con el ánimo de que los paraguayos se persuadieran que iba a vencer el Paraná por allí, y para mayor abundamiento, ordené que se dispusieran unas grandes canoas para que lo creyesen mejor y si podían escapar subiesen hasta Candelaria.

Ello es que al predicho paso se dirigieron con preferencia sus miras de defensa: pues allí pusieron hasta fuerzas marítimas, al mando de un canalla europeo, que con dificultad se dará más soez: pues parece que la hez se había ido a refugiar en aquella desgraciada provincia.

Salí de Curuzú Cuatiá con todas las divisiones reunidas dirigiéndome al río de Corrientes, al paso que se llama Caaguazú, por campos que parecía no haber pisado la planta del hombre, faltos de agua y de todo recurso y sin otra subsistencia que el ganado que llevábamos; las caballadas eran del Paraná y su jurisdicción nos había sido dada por la Patria y las conducía don Francisco Aldao gratuitamente.

Llegamos al río Corrientes, al paso ya referido y solo encontramos dos muy malas canoas que nos habían de servir de balsas para pasar la tropa, artillería y municiones: felizmente la mayor parte de la gente sabía nadar y hacer uso de lo que llamamos «pelota» y aún así tuvimos dos ahogados y algunas municiones perdidas por la falta de la balsa. Tardamos tres días en este paso, no obstante la mayor actividad y diligencia y el gran trabajo de los nadadores que pasaron la mayor parte de las carretas dando vuelcos. El río tendría una cuadra de ancho y lo más de él a nado.

Por la primera vez se me presentaron algunos vecinos de Corrientes y entre ellos el muy benemérito don Ángel Fernández y Blanco, a quien la patria debe grandes servicios, y un viejo honrado don Eugenio Núñez Serrano, que se tomó la molestia de acompañarme en toda la expedición, sufriendo todos los trabajos de ella sin otro interés que el de la patria.

El teniente gobernador me describió haciéndome mil ofertas de ganados y caballos: aquéllos me alcanzaron en número de 800 cabezas, que era preciso dar dos por uno, pues estaban en esqueleto: los caballos nunca vinieron y sin embargo me escribió que nos había franqueado hasta 4000 mil. A tal término llegó la escasez de caballos para el ejército en aquella jurisdicción, que a pocas jornadas de Caaguazú nos fue preciso echar mano de las caballadas de reserva para la tropa y para arrastrar la artillería.

Toca en este lugar que haga memoria del digno europeo don Isidro Fernández Martínez, que me auxilió mucho y se manifestó como uno de los mejores patriotas, acompañándonos hasta un pueblecito nombrado Inguatecorá sufriendo las lluvias y penalidades de unos caminos poco menos que despoblados.

Seguí siempre la línea recta a salir al frente de San Jerónimo, atravesando según el plan que llevaba la famosa laguna Iberá, que nunca vi, (el camino no atraviesa la laguna, pero sí esteros y aun canales que son dependencias), observé sí, unos cierregos inmensos al costado derecho del camino que sería parte de ella. Pasamos los Ipricos, Miní y Guazú, que son desagües de ella, o comunicaciones con el Paraná, y después de marchas las más penosas, por países habitados de fieras y sabandijas de cuanta especie es capaz de perjudicar al hombre, llegamos a dicho punto de San Jerónimo, sufriendo inmensos aguaceros, sin tener una sola tienda de campaña, ni aun para guardar las armas.

Allí empezaron con más fuerza las aguas y nuestros sufrimientos, y nos encaminábamos al paso de Ibirricuy, habiendo yo formado la idea de atravesar a la isla célebre llamada Apipé, para de allí pasar a San Cosme, según los informes que me habían dado los baqueanos. No encontré más que una canoa y me propuse hacer botes de cuero, para vencer la dificultad en la estancia de Santa María de la Candelaria y yo dije entonces Santa María la mayor, por haber visto así el título en el altar Mayor.

Desde este punto que me pareció oportuno dirigí mis oficios al gobernador Velasco y al Cabildo y al obispo, invitándoles a una conciliación para evitar la efusión de sangre; don Ignacio Warnes, mi secretario, se comidió a llevar los pliegos por el conocimiento y atenciones que había debido, a casa del expresado gobernador Velasco. Al mismo tiempo dirigí oficios, incluyendo copias de los expresados pliegos a los comandantes de las costas, pidiéndoles cesasen toda hostilidad, hasta la contestación del tal gobernador.

Me horrorizo al contemplar la conducta engañosa que se observó con Warnes, las tropelías que se cometieron con él, las prisiones que le pusieron, la muerte que a cada paso le ofrecían, el robo de su equipaje por los mismos oficiales. Yo vi su sable y cinturón en don Fulgencio Yegros hoy cónsul de aquella República, después de la acción de Tacuarí. Entre los cafres no se ha cometido tal atentado con un parlamentario; solo puede disculparlo la ignorancia y la barbarie en que vivían aquellos provincianos, y las ideas que les habían hecho concebir los europeos en contra de nosotros.

Confieso que no quisiera traer a la memoria unos hechos que degradan al hombre americano. ¿Pero qué habían de hacer esos descendientes de los bárbaros españoles conquistadores?

Todo fue estudiado, y tanto más criminoso: ofreciéndole a Warnes la mejor acogida inmediatamente que desembarcó, fue amarrado y conducido así por las lagunas hasta —embocú: allí grillos, cepos, dicterios, insultos y cuanto mal se le pudo hacer. Basta para conocer el estado moral de los paraguayos, en diciembre de 1810, y lo que la España había trabajado, en 300 años, para su ilustración. Seguiré la narración que me he propuesto.

Nuevas peripecias de la expedición

Mientras estuve en los trabajos de los botes de cuero, tuve noticias de que en Caraguatá había unos europeos construyendo un barco, y que se había salvado el bote del fuego con que los paraguayos devoraron cuanto buque pequeño y canoas había hacia aquella parte de la costa Sur del Paraná, con el intento de quitarnos todo auxilio.

Con este motivo me dirigí allí, mandé fuerzas a la Candelaria y ordené al mayor general que viese por sí mismo el ancho del río en aquella parte y me diese cuenta, pues no me fiaba del plano que llevaba, y veía muchas dificultades en este paso del Caraguatá, por su demasiada anchura.

El que construía el barco era un gallego de nación, pero de muy buenas luces, adicto a nuestra causa, o al menos lo parecía; ello es que trabajó mucho para alistar el bote y ponerle una corredera, en que se colocó un cañón de a dos giratorio con su respectiva cureña que también se formó: me acompañó a la Candelaria y anduvo en toda la expedición conmigo hasta que ya no fue necesario.

Volvió el mayor general y me dio las noticias que yo deseaba y entonces habiendo logrado saber de algunas canoas que se habían podido salvar las hice venir a Caraguatá y formé una escuadrilla cuya capitana era el bote y la hice subir hacia Candelaria al mando del expresado mayor general, con gente armada de toda confianza, pues debía pasar por frente de Itapúa donde tenían los paraguayos toda o la mayor parte de la fuerza que debía impedirnos el paso hacía aquella parte, y en el depósito de las canoas.

Casi a un mismo tiempo llegamos a Candelaria unos y otros el 15 de diciembre, después de haber sufrido inmensos trabajos por las aguas y escasez y particularmente los que subieron por agua por tener que trabajar contra la corriente y no hallar ni arbitrio para hacer su comida por la continuada lluvia.

Allí empezamos una nueva faena para formar las balsas y botes de cuero a la vista del enemigo y apresurándolo lo más posible para no dar lugar a que subieran las fuerzas marítimas que tenían los paraguayos en el paso del Rey.

Entre las balsas que se dispusieron se hizo una para colocar un cañón de a cuatro, con que batir los enemigos que estaban en el Campichuelo, que es un descampado que está casi frente a este pueblo en la costa Norte del Paraná; las demás eran capaces de llevar sesenta hombres cada una, y teníamos alguna que otra canoa suelta y un bote de cuero.

Como no viniese la contestación del gobernador y hubiese hecho hostilidades una partida paraguaya que atravesó el Paraguay y fue a la estancia de Santa María ya referida, le avisé el 18 al comandante de aquella fuerza, que había cesado el armisticio por su falta y que lo iba a atacar.

El Paraná en Candelaria, tiene novecientas varas de ancho, pero tiene un caudal grande de aguas y es casi preciso andar muy cerca de legua y media por ambas costas, para ir a desembocar en el expresado Campichuelo. Frente al puerto donde teníamos las balsas había una guardia avanzada, que así la veíamos como ellos a nosotros.

Ni nuestras fuerzas ni nuestras disposiciones eran de conquistar, sino de auxiliar la revolución, y al mismo tiempo tratar de inducir a que la siguieran a aquellos que vivían en cadenas y que ni aun idea tenían de libertad: con este motivo me ocurrió en la tarde del 19, ya estando el Sol para ponerse que cesase todo ruido, y se dijese en alta voz a la guardia paraguaya que se separase de allí, que iba a probar un cañón.

Con el silencio y por medio del agua corrió la voz las 900 o más varas, así como la suya de contestación, diciéndonos: «Ya vamos». En efecto se separaron y mandé tirar a bala con una pieza de a dos por elevación, a ver si así creían que nuestro objeto no era el de hacerles mal, pero tanto habían cerrado la comunicación que no había cómo saber de ellos, ni cómo introducirles algunos papeles y noticias.

Formé el ejército en la tarde del 18, y después de haberle hablado y exhortándole al desempeño de sus deberes, lo conduje en columna hasta el puerto, de modo que lo viese el enemigo. Allí hice embarcar algunas compañías en balsas, para probar la gente que admitían y no exponernos a un contraste. Señalé a cada una la que le correspondía y luego que anocheció de modo que ya no se pudiese ver de la costa opuesta, mandé la tropa a sus cuarteles, dejando en la idea de los paraguayos que ya estaríamos en marcha, con ánimo de ejecutarla a las dos de la mañana con la Luna, para estar al romper el día sobre ellos.

Como a las diez de la noche se me presentó el baqueano Antonio Martínez, que me servía a la mano, proponiéndome ir con unos diez hombres a sorprender la guardia. Adopté el pensamiento e hice que se le diesen diez hombres, voluntarios de los granaderos, al instante se presentaron diez bravos, entre los cuales los sargentos Rosario y Evaristo, ambos dignos de las mayores consideraciones.

A la hora estuvieron todos embarcados en dos canoas paraguayas y fueron a su empresa, que desempeñaron con el mayor acierto, logrando sorprender a la guardia e imponer terror al enemigo que ya se creyó estaba la gente en su costa, por la disposición de la tarde anterior.

Debo advertir aquí, que sin embargo de que en mi parte hacía los mayores elogios de Antonio Martínez, que después de muy detenido examen, supe que su comportamiento no había sido el mejor y que la sorpresa y consecuencias se debieron a los predichos sargentos. De estas equivocaciones padece muchas un General, como más de una vez tendré que confesar otras en esta misma narración: parece que todos se empeñan en ocultarle la verdad y así a las veces se ve el mérito abatido contra la misma voluntad del jefe, a quien luego se gradúa de injusto, procediendo con la mejor intención.

Luego que me trajeron algunos prisioneros y que ya se acercaban las dos de la mañana, hice poner la tropa sobre las armas, mandé que bajase al puerto y empezó el embarco, de modo que cuando atravesaban el Paraná, puestos los soldados en pie en uno y otro costado de las balsas, formados en batalla, los oficiales en el centro, empezaba a rayar el día y en confuso, podía ver desde el Campichuelo.

Después de atravesar el río que era lo más penoso, así por la subida que había que hacer como por el caudal de corriente, que era preciso vencer para entrar al remanso de la otra costa, bajaban y desembarcaban dentro de un bosque espeso que habían abandonado los paraguayos en la sorpresa y creían lleno de gente por la óptica de la tarde anterior, y por los tiros contra la guardia avanzada, de la que los que huyeron fueron a decirles que había ya mucha gente en tierra.

Al salir el Sol, mandé al mayor general en el bote y fue con su ayudante y otros oficiales, a que reuniese la gente y presentase la acción; al mismo tiempo salió mi ayudante don Manuel Artigas, capitán del regimiento de «América» con cinco soldados en el bote de cuero y el subteniente de patricios don Jerónimo Helguera, con dos soldados de su compañía, en una canoíta paraguaya, por no haber cabido en las balsas. El bote de cuero emprendió la marcha y la corriente lo arrastró hasta el remanso de nuestro puerto; insistió el bravo Artigas y fue a desembarcar en el mismo lugar que Helguera, es decir como a la salida del bosque por el Campichuelo.

No estaba aún la gente reunida y solo había unos pocos con el mayor general y sus ayudantes, entonces el valiente Artigas se empeñaba en ir a atacar a los paraguayos; tuvo sus palabras con el mayor general y al fin llevado de su denuedo, seguido de don Manuel Espínola, el menor, de quien hablaré en su lugar, de Helguera, y de los siete hombres que habían ido en el bote de cuero y canoa paraguaya, avanzó hasta sobre los cañones de los paraguayos, que después de habernos hecho siete tiros sin causarnos el más leve daño, corrieron vergonzosamente, y abandonaron la artillería y una bandera con algunas municiones.

La tropa salió, se apoderó del campo y sucesivamente mandé la artillería y cosas más precisas para perseguir al enemigo y afianzar el paso del resto del ejército y demás objetos y víveres que era preciso llevar para mantenerse en unos países enteramente desprovistas, que solo cultivaban para su triste consumo. Debo advertir que nuestros víveres se reducían a ganado en pie y que toda nuestra comida era asado sin sal, ni pan, ni otro comestible.

No habíamos pisado más pueblo desde La Bajada que Curuzú Cuatiá, que tiene veinte o treinta ranchos. Yaguareté-corá que tiene doce, y Candelaria que tiene el colegio arruinado, los edificios de la plaza cayéndose y algunos escombros que manifestaban lo que había sido.

También fui engañado en el parte con referencia al mayor general y sus ayudantes, como el resto de oficiales que nada hicieron, los unos porque se quedaron dentro del bosque y los otros porque se extraviaron, pues no tenían baqueanos que darles, ni había quien me diese conocimiento del terreno, y solo me dirigía por lo que veía con mi anteojo.

Por lo que hace a la acción, toda la gloria corresponde a los oficiales ya nombrados, y siento no tener los nombres de los siete soldados para apuntarlos, pero en medio de esto son dignos de elogio por solo el atrevido paso del Paraná en el modo que lo hicieron así oficiales como soldados, y espero que algún día llegará en que si se cuenta esta acción heroica de un modo digno de eternizarla, y que se miró como cosa de poco más o menos, porque mis enemigos empezaban a pulular y miraban con odio a los beneméritos que me acompañaban y los débiles gobernantes que los necesitaban para sus intrigas trataban de adularlos.

Cerca de mediodía tuve aviso de que habían abandonado el pueblo de Itapúa e inmediatamente di la orden al mayor general para que marchase hasta allí sin la menor demora con la tropa y piezas de a dos. Se verificó haciendo todas las cuatro leguas de camino, a pie, con un millón de trabajos, atravesando pantanos y sufriendo tormentas de agua.

Di mis disposiciones para el paso de caballadas, ganado y carretas, dejando una compañía de caballería de la Patria en Candelaria, para esta atención y custodia de las municiones; asimismo dispuse la conducción de la artillería de a 4, y al día siguiente 20, marché por agua a Itapúa, adonde encontramos más de 60 canoas, un cañoncito, algunas armas y municiones.

Todo mi anhelo era perseguir a los paraguayos aprovechándome de aquel primer terror, pero no había cómo vencer la dificultad de la falta de caballos, así es que fue preciso estar allí seis días mientras se hacían balsas para que la tropa fuese por agua a Tacuarí que hay siete leguas para donde había salido el mayor general con una división de caballería con el objeto de apoderarse del paso.

En efecto, todos marchamos el 25, y en aquella tarde nos juntamos. Al día siguiente mandé al mayor general que saliese con su división para que se hiciera de caballos y me mandase los que pudieran juntarse: entretanto esperábamos las carretas y yo dispuse el modo de llevar el bote en ruedas por cuanto las aguas eran copiosas; había muchos arroyos que yo conceptuaba a nado.

Le ordené que se persiguiese a los paraguayos cuanto fuese posible y así se efectuó hasta el Tebicuary donde corrió a más de 400 con solo cincuenta hombres don Ramón Espínola y mi ayudante Correa, teniente de granaderos, joven de valor y de las mejores condiciones.

El General hizo alto conforme a mis órdenes en Santa Rosa. Todo esto sucedió yendo yo en marcha con el resto de la tropa, las cuatro piezas de a 4 y 6 carretas que había separado con las municiones y el gran bote o lanchón tirado por ocho yuntas de bueyes, disponiendo que las demás donde venían el hospital y otros útiles, nos seguirían.

En la marcha recibí la noticia del arribo del cuartel maestre al paso de Itapúa con las milicias que traía de que se le habían desertado muchos, por cuanto los indios no pueden andar sin mujer, y mis órdenes eran muy severas para perseguir bajo penas; a más de ser un estorbo aun las casadas en el ejército o tropa cualquiera que marcha y el de las subsistencias, y uno y otro en aquellos países era de la mayor consideración.

Le ordené que pasase cuanto antes el Paraná y que siguiese hasta encontrarme: hubo bastante demora en el paso, y no se conocía aquella actividad que yo deseaba. Se padeció alguna pérdida de armas, pero al fin llegó a Itapúa con dos piezas de a cuatro cónicas y dos de a dos al mando de un valiente sargento de artillería cuyo nombre no recuerdo, catalán de nación, de quien tendré que decir algo a su tiempo.

Luego que salí de Tacuarí y entré en una población, empecé a observar que las casas estaban abandonadas y que apenas se habían presentado dos vecinos en aquellos lugares: ya empecé a tener cuidados, pero llevado del ardor y al mismo tiempo creído del terror de los que habían huido del Campichuelo de Itapúa y de Tebicuary seguí mi marcha a Santa Rosa, allí me reuní con el mayor general y seguí a pasar el expresado río Tebicuary límite de las Misiones con la provincia del Paraguay, también con la idea de encontrar algunos del partido, que tanto se nos había decantado que existían.

Se pasó el Tebicuary, y nuevas casas abandonadas y nadie parecía. Entonces ya no me apresuré a que las carretas siguiesen su marcha, ni tampoco el coronel Rocamora, porque veía que marchaba por un país del todo enemigo y que era preciso conservar un camino militar por si me sucedía alguna desgracia asegurar la retirada.

Seguí la marcha y solo vi en N. a la mujer de don José Espínola, que era mi ayudante, y otra familia que tenía parentesco con el mismo; pero ningún hombre: pasé a otro pueblo, donde hallé al cura, que decían era hombre ilustrado, que intentó hasta sacarme las espuelas, lo que le reprendí; mas conocí el estado de degradación en que se hallaban aun los sujetos que se tenían en concepto de literatos. Nada me dijo del interior: guardó la mayor reserva; tal vez se complacería al ver nuestro corto número con la idea de que seríamos batidos.

Todavía no me arredré de la empresa: la gente que llevaba, revestía un espíritu digno de los héroes y al mismo tiempo me decía a mí mismo: «puede ser que encontremos a los de nuestro partido, y que acaso viéndonos se nos reúnan, no efectuándolo antes por la opresión en que están». Pasé adelante con un millón de trabajos, lluvias inmensas, arroyos todos a nado y sin más auxilio que los que llevábamos y algunos caballos y ganados que sacábamos de los lugares en que los tenían ocultos, para lo que presta muy buena proporción aquella provincia por los bosques y montañas cubiertos de ellos, particularmente hacia la parte que llevábamos.

Atravesamos el arroyo la partida exploradora del ejército al mando de mi ayudante Manuel Artigas, descubrió una partida de paraguayos, que luego que vieron a aquélla corrieron con la mayor precipitación. Esto me engolosinó más y más y marché hasta el arroyo de Ibáñez, que encontré a nado. Al instante pasó el mismo Artigas y otros y vinieron a darme parte de que se veía mucha gente hacia la parte del Paraguay que distaría de allí como una legua de las nuestras.

Inmediatamente hice echar el bote al agua y pasé a verlo por mí mismo y como encontrara un montecito a distancia de dos millas cubierto de bosque, una altura que allí se presentara en un llano espacioso que media hacia el Paraguay, me fui a él, eché el anteojo y vi en efecto un gran número de gente que estaba formada en varias líneas a la espalda de un arroyo que se manifestaba por el bosque de sus orillas.

Ya entonces me persuadí que aquél sería el punto de reunión y defensa que habían adoptado, y me pareció que sería muy perjudicial retirarme, pues decaería el espíritu de la gente y todo se perdería: igualmente creía que había allí hombres de nuestro partido y medité sorprenderlos haciendo pasar de noche con el mayor general doscientos hombres y dos piezas de artillería para ir a atacarlos y obligarlos a huir, quedando yo con el resto a cubrir la retirada a la parte del arroyo.

No se ejecutó la sorpresa y se vino al montecillo ya referido adonde pasé con la tropa, resto de artillería y carretas luego que amaneció y me situé. Esto sucedió el 16 de enero de 1811. Mandé varias veces aquel día al mayor general con los hombres a caballo y una pieza volante de a 2 para observar los movimientos que hacían: cuando más se formaban en desorden a caballo y no se movían: el resto estaba quieto. Por la noche fue Artigas hasta sus trincheras y sin más que haberles tirado un tiro, rompieron el fuego de infantería y artillería con rudeza y en tanto número que Artigas estaba en el campamento y ellos se seguían desperdiciando municiones sin objeto.

Otro tanto se hizo el día 15 y noche: siempre observaba el mismo desorden en sus formaciones y en sus fuegos y no me causaron el más leve perjuicio. Esto me hizo resolver el atacarlos y di la orden el 18, que nadie se moviera del campamento, ni hiciera la más leve demostración, pero no faltó uno de los soldados que burlando la vigilancia de las guardias se fuese a merodear a una chacra; los paraguayos cargaron sobre él, cuyo movimiento vimos en un número crecidísimo. Entonces mandé que saliese el capitán Balcarce con cien hombres y una pieza de a 2 contra aquella multitud: al instante que lo vieron fugaron para el campamento: mandé que se retirara y quedó todo en silencio.

Para probar si había algunos partidarios nuestros, en la noche del 17, se les echaron varias proclamas y gacetas y aún una de aquéllas se fijó en un palo que estaba a inmediaciones de su línea: supimos después que todas las habían tomado, pero que inmediatamente Velasco puso pena de la vida a los que las tuviesen y no las entregasen. Ello es que ninguno se pasó a nosotros y no teníamos más conocimiento de su posición y fuerzas que el que nos daba nuestra vista.

El ataque a los paraguayos

En la tarde del 18 junté a los capitanes con el mayor general y les manifesté la necesidad en que estábamos de atacar; sin embargo del gran número que se presentaban de los paraguayos, que después supe llegaban a doce mil, y solo tener nosotros 460 soldados. Así pues por aprovechar el espíritu que manifestaba nuestra gente, como por probar fortuna y no exponernos a que en una retirada unas tropas bisoñas como las nuestras, decayesen de ánimo y aquella multitud nos persiguiese y devorase; les hice ver que en general aquellas gentes nunca habían visto la guerra, era de esperar que se amedrentasen y aun cuando no ganásemos al menos podríamos hacer una retirada después de haber probado nuestras fuerzas sin que nos molestasen.

Todos convinieron en el pensamiento, y en consecuencia mandé que se formase la tropa, que se pasase revista de armas; y luego le hablé imponiéndole que al día siguiente iba a hacer un mes de su glorioso paso del Paraná; que era preciso disponerse para dar otro día igual a la patria y que esperaba se portasen como verdaderos hijos de ella haciendo esfuerzos de valor: que tuviesen mucha unión, que no se separaran y jurasen conseguir la victoria y que la obtendrían. Todos quedaron contentísimos y anhelosos de recibir la orden para marchar al enemigo.

Aquella noche dispuse las divisiones en el modo y la forma que se había de marchar y le di las órdenes correspondientes al mayor general; a la mañana me levanté, y en persona fui a recorrer el campamento, mandando que se levantasen y formase la tropa así de infantería como de caballería, y que dos piezas de a 2 y dos de a 4 se preparasen a marchar con sus respectivas dotaciones.

Las hice poner en marcha a las tres de la mañana, quedando yo en el montecito con dos piezas de a 4 con sus respectivas dotaciones, sesenta hombres de caballería de la patria, dieciocho de mi escolta y los peones de las carretas, de los caballos y del ganado que no tenían más armas que un palo en la mano para figurar a la distancia. Como a las cuatro de la mañana, la partida exploradora del ejército rompió el fuego sobre los enemigos que contestaron con el mayor tesón: siguió la primera división de artillería y antes de salir el Sol ya había corrido el general Velasco nueve leguas y su mayor general Cuesta había fugado y toda su infantería abandonado el puesto y refugiándose a los montes y nuestra gente se había apoderado de la batería principal y estaba cantando la marcha patriótica.

Había situado Velasco su cuartel general en la capilla de Paraguay y en el arroyo que corre a alguna distancia de ella se había fortificado, guarneciéndose los paraguayos de los bosques, de cuyas cejas no salían. Tenía 16 piezas de artillería, más de 800 fusiles y el resto de la gente con lanzas, espadas y otras armas: su caballería era de considerable número y formaba en las alas derecha e izquierda, haciendo un martillo la de ésta por la ceja del monte que cubría casi la mitad del camino que había hecho nuestra tropa.

Al fugar la infantería enemiga mandó el mayor general Machain que siguiera la infantería y caballería en su alcance: fueron y se apoderaron de todos los carros de municiones de boca y guerra: pasaron a la capilla de Paraguay y se entretuvieron en el saqueo de cuanto allí había, descuidando su principal atención y como victoriosos entregados al placer y aprovechándose de cuanto veían.

Entre tanto Machain supo que se habían disminuido las municiones de artillería y de parte de los soldados de la 1.ª división, porque la 2.ª apenas había hecho un tiro y tenía las cartucheras llenas. Mandóme el parte e inmediatamente remito municiones y otra pieza de a 4 conmigo y los peones que antes he dicho.

Seguía la carretilla de las municiones y formada la tropa que la escoltaba en ala, en medio del campamento nuestro y el que había sido enemigo: la vista de aquellos hombres despierta en un cobarde la idea de que no eran nuestros y dice: ¡Que nos cortan! Esto solo bastó para que sin mayor examen el mayor general tocase a retirada, no se acordase de la gente que había mandado avanzar y se pusiese en marcha hacia nuestro campamento abandonando cuanto se había ganado.

Entonces los paraguayos, que habían quedado por los costados derecho e izquierdo con una pieza de artillería, vinieron a ocupar su posición, cortaron a los que se hallaban de la parte de la capilla, y hacían fuego de artillería a su salvo sobre los que se retiraban. En esta retirada se portó nuestra gente con todo valor y haciéndola en todo orden: me fui a ellos y les dije que era preciso volver a libertar a los hermanos que se habían quedado cortados y le ordené a Machain que volviese a atacar, pues aquellos se conocía que hacían resistencia en algún punto, como en efecto así fue.

Dejándolos en marcha retrocedí a mi punto donde estaba la riqueza del ejército, a saber las municiones, y al que ya habían querido ir los paraguayos, a quienes se les oyó decir: Vamos al campamento de los porteños, con cuyo motivo se destacó don José Espínola con el sargento de mi escolta y otros cuatro más, y haciéndoles fuego de a caballo, les obligaron a no hacer el movimiento, esto mismo me hacía creer que a pocos esfuerzos recuperaríamos nuestra gente, pero sea que hubo cobardía de nuestra parte, o sea que el mayor general no se animó, ello es que no cumplió mi orden y regresó nuestra tropa al campamento sin haber hecho nada de provecho, y no había un solo oficial con espíritu, según después diré, porque aquí me toca hacer mención del valiente don Ramón Espínola.

Este oficial llevado de su deseo de tomar a Velasco, pasó hasta la capilla e hizo las mayores diligencias, y hallándose cortado emprendió retirarse por entre los paraguayos para reunirse a nosotros: lo atacaron entre varios; se defendió con el mayor denuedo, pero al fin fue víctima y su cabeza fue presentada a Velasco luego que volvió, y enseñada a otros prisioneros, llevándose en triunfo entre aquellos bárbaros que no conocían y mataban al que peleaba por ellos. La patria perdió un excelente hijo, su valor era a prueba y sus disposiciones naturales prometían que sería un buen militar.

Reiniciación de la marcha

Retirada la tropa al campamento mandé que comiesen y descansasen. Confieso en verdad que estaba resuelto a un nuevo ataque, porque miraba con el mayor desprecio aquellos grupos de gente que no se habían atrevido a salir de sus puestos, ni aun habiendo conseguido que los abandonase nuestra gente. En esto el comandante de la artillería, un tal Elorga, a quien había dejado a mi vista por esto mismo y no quise mandar a la acción, empezó a decir a los oficiales que una columna de paraguayos había tomado por nuestro costado izquierdo y que sin duda iba a cortarnos.

Me vinieron con el parte y lo llamé; en su semblante vi el terror y no menos observé que lo había infundido en todos los oficiales, comenzando por el mayor general, y entonces junté a éste y a aquéllos para que me dijesen su parecer: todos me dijeron que la gente estaba muy acobardada y que era preciso retirarnos. Solo el capitán de «Arribeños» Manuel Campos, me significó que su gente haría lo que se le mandase: conocido ya el estado de los oficiales más que de la tropa, por un dicho que luego salió falso y que había sido efecto del miedo del tal Elorga, determiné retirarme y dispuse que todo se alistase.

Formada ya la tropa, le hablé con toda la energía correspondiente, y les impuse pena de la vida al que se separase de la columna veinte pasos; a las 3 1/2 de la tarde salí con las carretas, el bote y las piezas de artillería, ganados y caballadas, que se habían tomado del campo enemigo el 16, únicos prisioneros que se trajeron al campamento; el movimiento lo hice a la vista del enemigo y nadie se atrevió a seguirme: a las oraciones, paramos a dos leguas de distancia del lugar de la acción, y tomadas las precauciones, mandé que la gente descansase.

Se ejecutó así y después de haber salido la Luna, nos pusimos en marcha hacia el pueblo de N., donde hice alto día y medio: su posición era ventajosa y nada temía de los enemigos que no habían aparecido: aquí empecé a tener sinsabores de tamaño con las noticias que se me comunicaba de las conversaciones de oficiales, que me fue imposible averiguar el autor de ellas para hacer un ejemplar castigo: cada vez observaba más la tropa acobardada y fue preciso seguir la marcha.

Las lluvias eran continuas: no había arroyo que no encontrásemos a nado; mucho me sirvió el bote que llevaba en ruedas; a no ser esto me habría sido imposible caminar sin abandonar la mayor parte de la carga; pero todas las dificultades se vencieron y llegamos al río Tebicuary donde me esperaba el resto de las carretas y como 490 hombres entre las milicias de Yapeyú y algunas compañías del regimiento de caballería de la Patria.

Se dio principio a pasar el indicado río en unas cuantas canoas que pudieron juntar y el bote, y nos duró esta maniobra tres días, al fin de los cuales empezaron los paraguayos a presentarse, pero no se atrevían a venir a las armas contra nuestras partidas y ello es que no nos impidieron pasar cuanto teníamos ni los ganados y caballos que les traíamos y se contentaron, cuando ya habíamos todos atravesado el río, con venir a la playa y disparar tiros al aire y sin objeto.

Todavía estuvimos dos días más descansando en la banda sur del nominado Tebicuary, en el paso de doña Lorenza sin que nadie se atreviese a incomodarnos y luego seguimos hasta el pueblo de Santa Rosa, donde se refaccionaron algunas municiones y algunas ruedas del tren, y refrescó la gente en tres días que estuvimos allí.

En este punto recibí un correo de Buenos Aires en que me apuraba el gobierno para que concluyese con la expedición por la llegada de Elío a Montevideo, con varias reflexiones y el título de brigadier que me había concedido: esto me puso en la mayor consternación, así porque nunca pensé trabajar por interés ni distinciones, como porque preví la multitud de enemigos que debía acarrearme: así es que contesté a mis amigos que lo sentía más que si me hubiesen dado una puñalada.

Pensaba yo conservar el territorio de Misiones mientras volvía la resolución del gobierno sobre el parte que le había comunicado de la acción de Paraguay, pero las consideraciones que me presentó el oficio ya referido del gobierno acerca de Elío me obligaron a seguir mi retirada con designio de tomar un punto ventajoso para no perder el paso del Paraná por si acaso el gobierno me mandaba auxilios para seguir la empresa.

Las aguas siguieron con tesón y encontramos el Aguapey a nado: ya desde Santa Rosa salí con cuarenta carretas, las seis piezas de artillería, un carro de municiones, 3000 cabezas de ganado vacuno que hablamos tomado, caballos más de 1500 y boyada de repuesto y con todo este tráfago logré pasar el expresado río en término de dieciocho horas, sin la menor desgracia.

Los enemigos habían empezado a aparecer al frente y por mi flanco izquierdo, a tal término que me fue preciso mandar una fuerza de cien hombres con dos piezas de artillería a situarse a su frente y aun un correo fue escoltado hasta el Tacuarí, donde había una avanzada de las fuerzas que tenía el cuartel maestre general en Itapúa, adonde después de la acción de Paraguay le había mandado que se situase de regreso del mencionado Tacuarí hasta cuyo punto había llegado únicamente.

Continuamos la marcha hasta el ya referido Tacuarí y resolví hacer alto a la orilla de este, acampándome en el paso principal para esperar allí los auxilios que esperaba me enviaría el gobierno y para conservar el paso del Paraná y mis comunicaciones con Buenos Aires, destiné una fuerza de cien hombres al mando del capitán Perdriel, para que fuera a apoderarse del pueblo de Candelaria, pues ya andaban cuatro buques armados en el Paraná, que podían interceptarme la correspondencia así que me venía de Corrientes.

Pasó Perdriel el Paraná.

Fragmento de memoria sobre la batalla de Tucumán

Había pensado dejar para tiempos más tranquilos, escribir una memoria sobre la acción gloriosa del 24 de septiembre del año anterior; lo mismo que de las demás que he tenido, en mi expedición al Paraguay, con el objeto de instruir a los militares del modo más acertado, dándoles lecciones por medio de una manifestación de mis errores, de mis debilidades y de mis aciertos para que se aprovechasen en las circunstancias y lograsen evitar los primeros, y aprovecharse de los últimos.

Pero es tal el fuego que un díscolo, intrigante, y diré también, cobarde atentado introdujo en el ejército, sin efecto en este pueblo y en la capital; y su osadía para haberme presentado un papel que por sí mismo lo acusa, cuando trata de elogiarse y vestirse de plumas ajenas, que no me es dable desentenderme y me veo precisado en medio de mis graves ocupaciones a privarme de la tranquilidad y reposo tan necesario, para manifestar a clara luz la acción del predicho 24 y la parte que todos tuvieron en ella.

Confieso que me había propuesto no hablar de las debilidades de ninguno, que yo mismo había palpado desde que intenté la retirada de la fuerza que tenía en Humahuaca a las órdenes de don Juan Ramón Balcarce, autor del papel que acabo de referir, pero habiéndome incitado a ejecutarlo, presentaré su conducta a la faz del universo con todos los caracteres de la verdad, protestando no faltar a ella, aunque sea contra mí, pues éste es mi modo de pensar y de que tengo dadas tantas pruebas, muy positivas, en los cargos que he ejercido desde mis más tiernos años y de los que he desempeñado desde nuestra gloriosa revolución no por elección, porque nunca la he tenido, ni nada he solicitado, sino porque me han llamado y me han mandado: errados a la verdad en su concepto.

Todos mis paisanos y muchos habitantes de la España saben que mi carrera fue la de los estudios, y que concluidos éstos debí a Carlos IV que me nombrase secretario del Consulado de Buenos Aires en su creación; por consiguiente mi aplicación poca o mucha, nunca se dirigió a lo militar, y si en el 1796 el virrey Melo, me confirió el despacho de capitán de milicias urbanas de la misma capital, más bien lo recibí como para tener un vestido más que ponerme, que para tomar conocimientos en semejante carrera.

Así es, que habiendo sido preciso hacer uso de las armas y figurar como capitán el año 1806, que invadieron los ingleses, no solo ignoraba cómo se formaba una compañía en batalla, o en columna, pero ni sabía mandar echar armas al hombro, y tuve que ir a retaguardia de una de ellas, dependiente de la voz de un oficial subalterno, o tal vez de un cabo de escuadrón de aquella clase.

Cuando Buenos Aires se libertó, en el mismo año de 1806, de los expresados enemigos y regresé de la Banda Oriental a donde fui, después que se creó el cuerpo de patricios, mis paisanos haciéndome un favor, que no merecía, me eligieron sargento mayor, y a fin de desempeñar aquella confianza, me puse a aprender el manejo de armas y tomar sucesivamente lecciones de milicia. He aquí el origen de mi carrera militar, que continué hasta la repulsa del ejército de Whitelocke, en el año 1807, en la que hice el papel de ayudante de campo del cuartel maestre, y me retiré del servicio de mi empleo, sin pensar en que había de llegar el caso de figurar en la milicia: por consiguiente, para nada ocupaba mi imaginación lo que pertenecía a esta carrera, si no era ponerme alguna vez el uniforme para hermanarme con mis paisanos.

Se deja ver que mis conocimientos marciales eran ningunos, y que no podía yo entrar al rol de nuestros oficiales que desde sus tiernos años, se habían dedicado, aun cuando no fuese más que a aquella rutina que los constituía tales: pues que ciertamente, tampoco les enseñaban otra cosa, ni la Corte de España quería que supiesen más.

En este estado sucedió la revolución de 1810; mis paisanos me eligen para uno de los vocales de la Junta provisoria, y esta misma me envía al Paraguay de su representante, y general en jefe de una fuerza a que dio el nombre de ejército porque había sin duda en ella de toda arma, y no es el caso hablar ahora de ella, ni de sus operaciones de entonces.

Pero ellas me atrajeron la envidia de mis cohermanos de armas y en particular el grado de brigadier, que me confirió la misma junta, haciendo más brecha en el tal don Juan Ramón Balcarce, que además, había sido el autor para que no fuese en mi auxilio el cuerpo de húsares de que era teniente coronel, intrigando y esforzándose con sus oficiales en una junta de guerra, hasta conseguir que cediesen a su opinión, exceptuándose solamente uno, que en su honor debo nombrar: don Blas José Pico.

Era, pues, preciso que sostuviese un hecho tan ajeno de un militar amante de su patria, y que ahora he comprendido, era efecto de su cobardía y de una revolución intentada efectuada por otros fines, y cuyos autores jamás pensaron en vejarme, ni abatir, mis tales cuales servicios, honrados, y patrióticos, le dio lugar a que valiéndose de él, pidiese la recíproca, e hiciese que los oficiales de aquel cuerpo que por sí mismo se había degradado, no concurriesen al socorro de sus hermanos de armas abandonados, se empeñaron y agitaron los ánimos, para que se me quitase el grado y el mando de aquel ejército, que ya aterraba a los de Montevideo.

Bien se ve que hablo de la revolución de 5 y 6 de abril de 1811, y no tengo para calificar ante mi Nación y ante todas las que han sido instruidas de ellas cual será don Juan Ramón Balcarce, cuando lo presente como un individuo que cooperó a ella, y que acaso en todo lo concerniente a mi, puedo asegurar, fue el primero y principal promovedor.

Conocía esto yo y lo sabía muy bien, cuando el gobierno me envió a tomar el mando de este ejército y le hallé que estaba en Salta con una fuerza de caballería: consulté con el general Pueyrredón sobre su permanencia en el ejército, no por mi (hablo verdad) sino por la causa que defendemos, y me contestó que no había que desconfiar.

Con este dato, creyendo yo al general Pueyrredón un verdadero amante de su patria, apagué mis desconfianzas, y habiéndome escrito con expresiones excedentes a mi mérito, le contesté en los términos de mayor urbanidad y traté desde aquel momento de darle pruebas de que en mí no residía espíritu de venganza, sin embargo de haber observado por mí mismo, que su conciencia le remordía en sus procedimientos contra mí, y de los que con tanto descaró había ejecutado su hermano don Marcos, de que en el gobierno hay pruebas evidentes.

Así es que llegado al Camposanto donde se me reunió inmediatamente, lo hice reconocer de mayor general interino del ejército por hallarse indispuesto el señor Díaz Vélez y sucesivamente fié a su cuidado comisiones de importancia, dejándolo con el mando de lo que se llamaba ejército, mientras mi viaje a Pumamarca. A mi regreso, lo ocupé también, cuando la huida del obispo de Salta, o su ocultación, y no había cosa en que no le manifestase el aprecio que hacía de él.

Llega el caso de poner en movimiento el ejército, no porque estuviese en estado, porque con dificultad podía presentarse una fuerza más deshecha por sí misma, ya por su disciplina y subordinación, ya por su armamento, ya también por los estragos del chucho (terciana, o fiebre intermitente), sino porque convenía ver si con mi venida y los auxilios que me seguían podía distraer al enemigo de sus miras sobre Cochabamba.

Inmediatamente eché mano de él y lo mandé a Humahuaca con la tal cual fuerza disponible que había, quedándome yo con el resto con que fui a Jujuy a situarme, para poder trabajar en lo mucho que debía hacerse de reponer un cuerpo enteramente inerme y casi en nulidad que era el ejército en donde no se conocía la filiación de un soldado y había jefe que en sus conversaciones privadas se oponía a ella, cual lo era el comandante de húsares don Juan Andrés Pueyrredón, sin duda para que todo siguiera en el mismo desorden.

Me hallaba en Jujuy y por sus mismos partes (de Balcarce) y oficios y aun cartas amistosas clamaba porque le dejase salir a perseguir algunas partidas enemigas, que me decía, recorrían el campo se lo permití y llegado hasta Cangrejillos, y aun antes, me insinuaba que no convenía separarse tanto del cuartel general le hice retirarse, así porque supe que no había enemigos hasta Suipacha y aquellas cercanías, como porque veía que mi intento no se lograba de poner en movimiento al enemigo, que sabía, si cabe decirlo así, tanto o más que yo lo que era el tal ejército.

Se retiró, según mis órdenes, de Cangrejillos y tiene la osadía de decirme en el papel que me ha dado mérito a esta memoria, que había ido hasta Yaví y había ahuyentado a todas las partidas enemigas, cuando no encontró una, ni en aquella salida hubo más que mandar a don Cornelio Zelaya y don Juan Escobar a traer al tío del marques de Tojo (o Yaví, pues con los dos nombres era designado) de su población de Yaví.

Es verdad que en Humahuaca promovió el reclutamiento de los hijos de la quebrada, que tanto honor han hecho a las armas de la patria, y se empeñó en su disciplina, para lo que él confieso que es a propósito y si en mi mano estuviera lo destinaría la enseñanza y particularmente de la caballería, pero de ningún modo a las acciones de guerra.

Empecé a desconfiar de su aptitud para ellas en los momentos en que me avisó los movimientos del enemigo de Suipacha puede juzgarle de su cavilosidad y cobardía por sus mismos oficios y consultas repetidas, tanto que me vi precisado a mandar al mayor general Díaz Vélez, a hacerse cargo del mando, y aun a escribirle una carta reservada del estado de mi corazón respecto de aquél, pues ya no confiaba en sus operaciones, y me llenaba de desconfianza de si quería, o no hacer lo que hizo con Pueyrredón de darle un parte de que los enemigos bajaban, para que se retirase cuando aquéllos ni lo habían imaginado.

Llegado el mayor general Díaz Vélez a Humahuaca con el designio de distraer al enemigo por uno de los flancos, no pudiendo verificarlo por su proximidad, dictó sus órdenes para que se retirasen las avanzadas, que hizo firmara Balcarce por la mayor prontitud y aun al día siguiente se privase de esto, para decir de su honrosa retirada, cuando todas las disposiciones eran debidas al expresado mayor general, y cuando jamás se le vio a retaguardia de la tropa, pues al contrario en la vanguardia con los batidores era su marcha.

Esto lo presencié por mí mismo, cuando habiéndome dado parte, en la Cabeza del Buey, de que el enemigo avanzaba y solo distaba cuatro cuadras del cuerpo de retaguardia, mandé que se replegase a mi posición y me dispuse a recibirlo: vi, pues, entonces, que con los batidores, y a un buen trote, el primer oficial que se me presento fue el don Juan Ramón, y sé que sucesivamente hizo otro tanto hasta que vino envuelto entre el cuerpo dicho de retaguardia, perseguido de los enemigos. Cuando éstos se me presentaron en el río de las Piedras y logré rechazarlos con 100 cazadores, cien pardos y otros tantos de caballería y entre los cuales no fue el primero a presentárselas, ni a subir una altura que ocupaban, y en que se distinguió el capitán don Marcelino Cornejo; habiendo quedado a retaguardia el mencionado don Juan Ramón.

Como, desde esta acción, ya mi cuerpo de retaguardia, viniese a corta distancias resuelto a sostenerme para no perderlo todo consultando con el mayor general, en la Encrucijada los medios y arbitrios que pudiéramos tomar para el efecto, que apuntó el nominado don Juan Ramón, para enviarlo con anticipación a ésta (Tucumán), donde tenía concepto por haber estado en otro tiempo de ayudante de las milicias y me resolví; dándole las más amplias facultades para promover la reunión de gente y armas y estimular al vecindario a la defensa.

Desempeñó esta comisión muy bien, dio sus providencias para la reunión de gente así en la ciudad como en la campaña, bien que más tuvo efecto la de ésta, en que intervinieron don Bernabé Aráoz, don Diego Aráoz y el cura doctor don Pedro Miguel Aráoz, pues de la ciudad, la mayor parte, con vanos pretextos, o sin ellos no tomaron las armas siendo los primeros que no asistieron los capituladores exceptuándose solamente don Cayetano Aráoz, y habiéndose ido dos o tres días antes de la acción, el gobernador intendente de Domingo García, y no pereciendo en ella el teniente gobernador don Francisco Ugarte.

El día que me acercaba a esta ciudad, se anticipó el ayudante de don Juan Ramón, don José María Palomeque, a anunciarme la reunión de gente, noticia que recibí con el mayor gusto, y que ensanchó mi ánimo. Volé a verla por mí mismo y hablé con aquél en la quinta de Ávila, donde nos encontramos, y haciendo toda confianza de él, y tratando de nuestra situación, le hice ver las instrucciones que me gobernaban, las más reservadas, manifestándole mi opinión acerca de esperar al enemigo: convino, lo mismo que había hecho en la Encrucijada, exponiéndome que no había otro medio de salvarnos, en cuya consecuencia, escribí al gobierno el 12 de septiembre; y aún le enseñé allí mismo el borrador, haciendo toda confianza de él.

Sucesivamente se reunieron hasta 600 hombres a sus órdenes, en que había húsares, decididos y paisanos, y les dio sus lecciones constantemente, contrayéndose en verdad a su instrucción y a entusiasmarles en los días que mediaron, con un celo digno de aprecio, pero ya empecé a entrever su insubordinación respecto del mayor general Díaz Vélez, y una cierta especie de partido que se formaba, habiendo llegado a término de escándalo la primera, aun a las inmediaciones de la tropa y paisanaje, que me fue necesario prudencia por las circunstancias y en particular por no descontentar a los últimos, que, como he dicho, tenían un gran concepto formado de él. Es preciso no echar mano jamás de paisanos para la guerra, a menos de no verse en un caso tan apurado como en el que me he visto.

Dispuse pues dividir aquel cuerpo, dándole a mandar el ala derecha, que la componía una mitad (de dicho cuerpo) y a don José Bernáldez el ala izquierda, que era la otra mitad con orden expresa de que se dividieran del mismo modo las armas de fuego, orden que no se cumplió y de que fui exactamente cerciorado, cuando al marchar para el frente del enemigo, me hace presente Bernáldez, la falta de armas de fuego, por no haberse ejecutado mi expresada orden.

El momento de la acción del 24 llega: la formación de la infantería era en tres columnas, con cuatro piezas para los claros y la caballería marchaba en batalla, por no estar impuesta, ni disciplinada para los despliegues, ni podía ser en tanto corto tiempo como el que había mediado del 12 al 24.

Hallándome con el ejército, a menos de tiro de cañón del enemigo, mandé desplegar por la izquierda las tres columnas de infantería, única evolución que habían podido aprender en los tres días anteriores, en que habíamos hecho algunas evoluciones de lineal y que se podía esperar que se ejecutase la tropa con facilidad y sin equivocación, quedando los intervalos correspondientes para la artillería. Se hizo esta maniobra con mejor éxito que en un día de ejercicio.

El campo de batalla no había sido reconocido por mí, porque no se me había pasado por la imaginación, que el enemigo intentase venir por aquel camino a tomar la retaguardia del pueblo, con el designio de cortarme toda retirada, por consiguiente me hallé en posición desventajosa, con partes del ejército en un bajío, y mandé avanzar siempre en línea que ocupaba una altura y sufría sus fuegos de fusilarla sin responder con artillería, hasta que observando mas que ésta había abierto claros y que los enemigos ya se buscaban unos a otros para guarecerse mandé que avanzase la caballería, y ordené que se tocase paso de ataque a la infantería.

Confieso que fue una gloria para mí, ver que resultado de mis lecciones a los infantes para acostumbrarlos a calar bayoneta al oír aquel toque, correspondió a mis deseos; no así en la caballería del ala derecha que mandaba don Juan Ramón Balcarce, pues lejos de avanzar a su frente, se me iba en desfilada por el costado derecho en esta situación, observé que el enemigo, desfilaba en martillo a tomar flanco izquierdo de mi línea y fiando al cuidado de los jefes de aquel costado, aquella atención, me contraje a que la caballería del ala derecha ejecutase mis órdenes.

Hallándome en aquellos apuros, no sé quién vino a decirme de la parte de Balcarce, que luego que la infantería hubiese destrozado al enemigo, avanzaría la caballería: entonces se redoblaron mis órdenes de avanzar y empezándolas a cumplir, marchando el ejército, le mandé decir con mi edecán Pico, que no era aquél modo de avanzar, que lo eje-

cutase a galope. Sin embargo tomó dirección, no a su frente
sino sobre la derecha, y viéndome así burlado en mi idea, vol-
ví a retaguardia y presentándoseme en el cuerpo de reserva
el capitán don Antonio Rodríguez, al frente de la caballería
que había allí, le mandé avanzar por el punto donde me hallaba, y lo ejecutó con un denuedo propio. Observaba este
movimiento, y vuelvo sobre mi costado izquierdo, para saber
el éxito de aquella tropa del enemigo, que había visto desfilar
y me encuentro con el coronel Moldes que se venía hacia mí
y me pregunta: ¿Dónde va usted a buscar mi gente? (su gente
debía decir, porque el coronel Moldes no mandaba ninguna).
Entonces me manifiesta que estaba cortado: pues vamos a
buscar a la caballería —le dije— y tomó mi frente que los
enemigos habían abandonado.

Libros a la carta

A la carta es un servicio especializado para
empresas,
librerías,
bibliotecas,
editoriales
y centros de enseñanza;
y permite confeccionar libros que, por su formato y concepción, sirven a los propósitos más específicos de estas instituciones.

Las empresas nos encargan ediciones personalizadas para marketing editorial o para regalos institucionales. Y los interesados solicitan, a título personal, ediciones antiguas, o no disponibles en el mercado; y las acompañan con notas y comentarios críticos.

Las ediciones tienen como apoyo un libro de estilo con todo tipo de referencias sobre los criterios de tratamiento tipográfico aplicados a nuestros libros que puede ser consultado en Linkgua-ediciones.com.

Linkgua edita por encargo diferentes versiones de una misma obra con distintos tratamientos ortotipográficos (actualizaciones de carácter divulgativo de un clásico, o versiones estrictamente fieles a la edición original de referencia).

Este servicio de ediciones a la carta le permitirá, si usted se dedica a la enseñanza, tener una forma de hacer pública su interpretación de un texto y, sobre una versión digitalizada «base», usted podrá introducir interpretaciones del texto fuente. Es un tópico que los profesores denuncien en clase los desmanes de una edición, o vayan comentando errores de interpretación de un texto y esta es una solución útil a esa necesidad del mundo académico.

Asimismo publicamos de manera sistemática, en un mismo catálogo, tesis doctorales y actas de congresos académicos, que son distribuidas a través de nuestra Web.

El servicio de «libros a la carta» funciona de dos formas.

1. Tenemos un fondo de libros digitalizados que usted puede personalizar en tiradas de al menos cinco ejemplares. Estas personalizaciones pueden ser de todo tipo: añadir notas de clase para uso de un grupo de estudiantes, introducir logos corporativos para uso con fines de marketing empresarial, etc. etc.

2. Buscamos libros descatalogados de otras editoriales y los reeditamos en tiradas cortas a petición de un cliente.